Norbert Golluch

# 125% aller Hipster sind

# Waage

**Bibliografische Information der Deutschen Nationalbibliothek:**
Die Deutsche Nationalbibliothek verzeichnet diese Publikation in der
Deutschen Nationalbibliografie. Detaillierte bibliografische Daten sind
im Internet über http://dnb.d-nb.de abrufbar.

**Für Fragen und Anregungen:**
info@rivaverlag.de

1. Auflage 2018

© 2018 by riva Verlag, ein Imprint der Münchner Verlagsgruppe GmbH
Nymphenburger Straße 86
D-80636 München
Tel.: 089 651285-0
Fax: 089 652096

Es handelt sich bei diesem Buch um eine überarbeitete Neuausgabe des Titels
»Quatsch-Horoskop« von Norbert Golluch, erschienen 1990 im Eichborn Verlag.

Redaktion: Christiane Otto
Umschlaggestaltung: Laura Osswald
Umschlagabbildung: Shutterstock/Danilo Sanino, iStock/macrovector
Satz: Daniel Förster, Belgern
Druck: Graspo CZ, Tschechische Republik
Printed in the EU

ISBN Print 978-3-7423-0293-9
ISBN E-Book (PDF) 978-3-95971-772-4
ISBN E-Book (EPUB, Mobi) 978-3-95971-773-1

— *Weitere Informationen zum Thema finden Sie unter* —

# www.rivaverlag.de

Beachten Sie auch unsere weiteren Verlage unter
www.muenchner-verlagsgruppe.de

Norbert Golluch

# 125% aller Hipster sind

# Waage

## DAS GNADENLOS EHRLICHE HOROSKOP

# riva

# Inhalt

# Steckbrief

# Die wankelmütige Waage

*24. September – 23. Oktober*

**Element:** Luft
**Planet:** Venus
**Metall:** Kupfer
**Farbe:** Grün, Weiß, Lichtblau, Rosa
**Edelstein:** Opal, Aquamarin, Jade, Koralle, Rauchquarz, Rosenquarz
**Magische Zahl:** Drei, Sechs
**Tag:** Freitag
**Tier:** Eidechse, Ente
**Pflanze:** Esche
**Blüte:** Rose
**Ideale Nahrung:** Äpfel, Weintrauben und Weizenprodukte (Weißbrot)
**Positiv:** supergerecht, unheimlich charmant (Zahnpastagrinsen) und total gesellig (lässt keine Fete oder Vernissage oder Imbissbudeneröffnung aus)
**Negativ:** keine Kondition bei irgendwas, unentschlossen wie eine Bundestagskommission, faul wie eine überlagerte Tomate und oberflächlich wie die Sonnencreme auf Paris' Hiltons Hintern
**Themenkreise:** Kommunikation über Kommunikation, das diplomatische Vorgehen in Beziehungskrisen, die Wertesysteme der Menschen im Allgemeinen und im Besonderen und in Bergisch Gladbach, Kunst, Kosmetik, Ästhetik, Sonderangebote in Trendboutiquen, Harmonie in Heim und Klo und Schöner Wohnen sow eso

# Die Anatomie

Waagen sind anatomisch gut gebaut: schlank, feingliedrig mit harmonischen Gesichtszügen gehören sie, wie sie glauben, zu den schöneren Sternzeichen. Auf ihre großen, schönen Augen mit den langen, sanften Wimpern, auf ihr weiches Haar und ihre zarte Haut sind sie stolz. Sie könnten mühelos als Serienstar für eine billige Soap-Opera gecastet werden.

Aber lassen Sie sich nicht täuschen – die meisten Waagen sehen heutzutage ganz anders aus und verbergen ihr wahres Ich hinter einer harmlosen Maske – alles Tarnung!

# Der Charakter

Waagen sehen sich als überaus cool an und halten sich für redegewandt, kultiviert, charmant und auf ganz besonderer Weise diplomatisch. Sie wollen über einen ausgeprägten Sinn für Ästhetik verfügen. Zudem halten sie sich für gegenwartsbezogen und unternehmungslustig. Soweit das schönfärberische Selbstbild der Waage. In Wirklichkeit sind Waagen anders:

Die eloquente Waage? Waagen sind in Wahrheit unheimliche Quasselstrippen, die alles und jeden zutexten. Alles können sie begutachten, analysieren, mit These und Antithese abwägen und schließlich unter einer ihrer haarsträubenden Do-it-yourself-Hypothesen verschütten.

Kultur? Waagen stehen total auf Äußerlichkeiten. Klamotten, Aufmachung, Outfit, Design oder Make-up sind für sie alles. 125 Prozent aller H&M-Kunden gehören dem Sternzeichen Waage an.

Charme? Was viele für Charme halten, ist nichts als eine Mischung aus Businesspflichtlächeln – so eine Art mimischer Verkaufslackierung – und durch gute Manieren getarnte Ego-Schwäche.

Kompromissbereitschaft? Unentschlossen und zögerlich drücken Waagen sich vor jeder Entscheidung und gehen immer den bequemeren Weg. So sind alle Personen, die an der Fußgängerampel das Knöpfchen drücken und auf Grün warten, statt über die Straße zu hechten, mit Sicherheit Waagen, die dieses und jedes andere Risiko scheuen.

Zu dieser unentschlossenen Tour und den bereits weiter oben benannten »liebenswerten« Eigenschaften kommt eine weitere, besonders faule hinzu: Waagen führen das einmal Begonnene nicht gern zu Ende – besonders dann nicht, wenn sie es allein tun müssen. Schon deshalb eignen sie sich nicht zu ernsthaften Unternehmungen. Ein Haus, das ausschließlich von Waage-Handwerkern gebaut würde, wäre erst am Sankt-Nimmerleins-Tag fertig.

Um die obigen Erkenntnisse noch einmal auf einen kurzen Nenner zu bringen: Waagen sind nicht gerade ein Wunder an Initiative.

Klar, Waagen verfügen für den unbedarften Betrachter über eine gewisse Portion Charme und Anmut, gepaart mit dem übersteigerten Wunsch nach Anerkennung und Beliebtheit: Die überirdisch heiteren Typen, die in jeder Kneipe und in jedem Café herumhängen und jeden Neuankömmling mit Reklamelächeln in Empfang nehmen, sind mit Sicherheit Waagen. Hinter diesem Kontaktanzeigengesicht mit Zwangsgrinsen verbergen Waagen ihre Unsicherheit und ihre klebrig-verbindliche Natur. Eigentlich müssten sie für diese Freundlichkeitsmaske einen Waffenschein besitzen, so gefährlich ist sie. Gefährlich ist dieses Verhalten schon deshalb, weil Waagen ein ausgeprägtes Bedürfnis nach Partnerschaft und Ehe verspüren. Und wehe dem, der in das erotische Spinnennetz der Waage gerät! Doch dazu später mehr.

Weiter sagen Waagen von sich, dass der unentwegte Wunsch nach Fair Play für sie von vorrangiger Bedeutung sei. Das ist in der Tat so – nur entsteht als Folge nicht etwa eine gerechtere Welt. Es sind Waagen, die auf einer Treibjagd die Rehe, Hasen, Rebhühner und Fasanen mit Schusswaffen ausstatten, damit sie zurückschießen können. Intellekt-betont, wie Waagen nun einmal sind, finden sie auch noch irgendeine gut klingende Begründung für dieses seltsame Verhalten, wenn die Jagdgesellschaft sich gegenseitig die Schrotkörner aus den Kehrseiten operiert.

Stets auf der Suche nach Wissen, neuen Ideen und geistiger Anregung werden Waagen zur Geißel ihrer Mitmenschen. Sie besetzen nicht nur die Lesesäle der Universitätsbibliotheken über jede Gebühr lang, sondern auch den heimischen stillen Ort. Es sind nicht nur Waagen, die auf der Toilette lesen, aber kein anderes Sternzeichen schafft es, die Einsitzzeiten von Waagen auch nur annähernd zu erreichen. Entsprechend sieht auch die literarische Ausstattung einer Waage-Toilette aus. Wo sich ein Widder oder ein Wassermann mit Mangas oder Asterix-Heften begnügt, deponieren Waagen mit Vorliebe James Joyce' *Ulysses*, *Zettels Traum* von Arno Schmidt oder die 48-bändige Luxusausgabe des *Großen Brockhaus*.

Trotz aller angestrengten Lektüre werden Waagen allerdings ihr großes geistiges Grundproblem nicht los: die mangelnde Tiefe. Nie werden Waagen den wahren Sinn des Lebens ergründen, und vermutlich werden sie – stets

auf der Suche nach dem Urgrund allen Seins – auch die Angehörigen der anderen Sternzeichen so nerven, dass auch
diese erfolglos bleiben (siehe Douglas Adams, *Per Anhalter
durch die Galaxis*, 42, Sie wissen schon). Waagen sind also
schuld, wenn unser aller irdische Existenz ohne jede Sinn-
dimension auskommen muss.

Vielleicht ist gerade wegen dieser ewig offenen Sinnfra-
ge das Interesse von Waagen an Psychologie und den zwi-
schenmenschlichen Beziehungen in besonderem Maße
ausgeprägt. 78 Prozent aller Psycho-Seminar-Teilnehmer
sind Waagen. Wenn irgendwo einer seine Hauskatze ana-
lysiert oder sonst wie wild und ohne jeden Verstand in der
Gegend herum psychologisiert, ist es mit Sicherheit eine
Waage. Bei all ihrer Beschäftigung mit der menschlichen
Psyche lernen Waagen jedoch nichts. Das zeigt schon der
folgende Wesenszug dieses Sternzeichens:

Waagen lieben die Rolle als Friedensstifter. Die Gefahr, in
die sie dabei häufig geraten: In vielen Fällen ist es die »frie-
densstiftende« Waage, die alle Aggressionen auf die eigene Person lenkt und als Folge davon von den eben noch
verfeindeten Parteien was auf die Mütze kriegt.

Die Waage selbst macht sich nur selten aggressiv Luft.
Doch wenn dies geschieht, dann gründlich. Beim ganz gro-

ßen Auftritt der Waage bleibt nichts ungesagt. Marode Beziehungen werden bis ins kleinste intime Detail der Öffentlichkeit preisgegeben, und die Mitmenschen der Waage und zahlreiche Talkshow-Zuschauer im Privatfernsehen sind dankbar dafür. Eine öffentliche Waage-Kriseneruption ist allemal unterhaltender als jede Folge der »Eichenstraße«. Doch der Zorn der Waage verraucht schnell, und zurück bleibt ein niedergeschlagener Mensch voller nagender Selbstzweifel – das eigentliche Ich aller Waagen. »Hab' ich zu viel gesagt?«, fragt sich die Waage und beschließt, den Ärger kommender Tage erst einmal wieder in sich hineinzufressen – bis zum nächsten großen öffentlichen Ausbruch.

# Der Lebenslauf

Waagen zweifeln ihr Leben lang. Zögerlich und unentschlossen wie kein anderes Sternzeichen geht die Waage das Leben an. Mit der Entscheidung alleingelassen, würde manches Waage-Baby bereits an der Mutterbrust verhungern, weil es sich nicht entscheiden könnte, welchen der aparten Milchbehälter es zuerst leeren soll. In diesem Sinne geht es auf dem Lebensweg der Waage weiter: voller Zweifel und Unschlüssigkeiten. Im Kindergarten wissen die kleinen Waagen lange Jahre nicht, ob sie nun lieber in die Hose machen oder die Kindergärtnerin bitten sollen, sie abzutöpfen. In der Grundschule fragen sie sich, ob lernen oder Blödsinn machen der Sinn des Lebens ist. Später in weiterführenden Schulformen schwanken Waagen hilflos unentschieden zwischen Unterrichtsstoff, Liebeslust, Drogenkonsum und Dauerschlaf. Noch bevor sie für sich selbst eine sinnvolle Wahl getroffen haben, besitzen sie bereits das Zeugnis der Mittleren Reife oder das Abitur. Auch das Berufs- und Liebesleben von Waagen schwankt in beständigen Unsicherheiten. Ist dieser Job meine Berufung? Bin ich hetero oder schwul oder sonst was? Selbst im hohen Alter stehen Waagen noch vor großen Entscheidungen, die zu treffen ihnen äußerst schwerfallen: Was kommt danach? Der römisch-katholische Moralistenhimmel? Das evangelisch-lutherische Gemeindekollektiv? Das schwarze Nichts der Ungläubigen? Winnetous ewige Jagdgründe? Das lichte Nirwana oder derselbe Trip der Firma Soul-Travels noch ein zweites oder gar drittes Mal?

# Die glücklichen Jahre

Besonders gut in Form ist die Waage zwischen dem 30. und dem 37. Lebensjahr. In jüngeren Jahren verdient sie nicht genug, um ihren verschwenderischen Lebenswandel finanzieren zu können. Und ab 38 meidet sie ihr Spiegelbild: »Hi, Waage, tu etwas für mich!« Sonst genügt es womöglich den eigenen ästhetischen Anforderungen nicht mehr.

# Waagen im Beruf

Waagen wählen ihre Berufe zwar nicht mit Überlegung, aber sie verlassen sich auf ihre beachtlich treffgenaue Intuition: Juristische Ämter, Berufe in Werbung, PR, Kunst, Musik – überhaupt alle beruflichen Tätigkeitsfelder, in denen herumgeschwafelt wird – ziehen Waagen magisch an. Wie praktisch, in diesen Bereichen fällt auch die mangelnde Entschlusskraft der Waage nicht so sehr auf. Wen wundert es zum Beispiel noch, dass Prozesse vor unseren Gerichten sich so unendlich in die Länge ziehen – eine Unzahl von Rechtsanwälten, Richtern und Staatsanwälten sind Waagen.

Auch die Berufe Tänzer, Schauspieler, Zeichner, Cartoonist, Porträtmaler, Fotograf und Schriftsteller stehen unter Waage-Einfluss. Logisch, dass auch Kunstexperten, Literaturkritiker und sonstige kulturellen Wortakrobaten häufig Waagen sind. Diese passiv-interpretierenden Waagen sorgen nämlich mit ihrem abgehobenen Gewäsch dafür, dass die übrige Welt nicht bemerkt, welch unglaublichen Schwachsinn andere, künstlerisch aktive Waagen produzieren. Als Kunsthistoriker schließlich treiben Waagen die Preise von (Waage-)Kunstwerken in astronomische Höhen. Alles in allem: Ein ziemlicher Klüngel!

Ein weiterer Berufszweig der Waage: Luxus und Überfluss. Waagen betreiben Friseurgeschäfte, Parfümerien, Mode- und Pelzboutiquen und Schönheitssalons. Hier schwatzen sie, beredt, wie sie sind, ihren hilflosen Kunden jede Menge überflüssigen Ramsch zu Überpreisen auf. Als Innenarchitekten, Dekorationsmaler, Modedesigner, Seidenmaler, oder Edelfloristen streichen sie dann auch noch ein, was ihre vorab genannten Berufskollegen der Nicht-Waage-Menschheit noch nicht aus der Tasche ziehen konnten.

Mit einer Managerkarriere in einem größeren Betrieb oder Konzern wird es trotz aller verbalen Kompetenz nichts, denn das Durchsetzungsvermögen von Waage-Menschen ist nur schwach ausgeprägt. Zudem verstehen es Waagen nur zu gut, jeder harten Arbeit aus dem Weg zu gehen. Wie soll es da gelingen, in Konkurrenz zu anderen beruflich aufzusteigen oder gar eine Selbstständigkeit aufzubauen?

Wenn Waagen ganz nach oben kommen, dann nur durch den bereits beschriebenen Waage-Klüngel: Beziehungen, Intrigen, Leichen im Keller ... Zudem ist der ausgeprägte Ehrgeiz von Waagen ein zuverlässiger Motor, der Waagen zwar nicht zur Arbeit, aber doch zu einer beachtlichen Intrigantentätigkeit antreibt. Waagen sind nämlich versessen auf Titel, Orden und Ehrenzeichen. Sie schrecken nicht einmal vor deren Kauf zurück.

Womit wir beim Geld angekommen wären.

# Das Geld

Mit Geld gehen Waagen recht leichtsinnig um. Sie können
es sich oft leisten, denn es wird ihnen, weiß der Himmel,
woher und warum, förmlich nachgeworfen. Durch Heirat
oder Erbschaft werden Waagen häufig sogar richtig reich.
Meist hält der Wohlstand aber nicht lange, denn Waagen
schöpfen aus dem Vollen. Macht nichts, wenn das Vermögen in ein, zwei Jährchen durch den Schornstein ist – die
nächste Erbschaft oder die nächste Summe aus dunklen
Quellen kommt bestimmt. Übrigens ist e n gewisser Gus-
tav Gans eine Waage ...

Ein besonders wirksamer Trick, eine Waage abzukassieren,
ist es, ihr ein risikoreiches, aber todsicher hochprofitab-
les Projekt anzubieten. Vom Blendwerk vielversprechen-
der Zahlen wie betäubt, finanzieren Waagen die neuesten
Versionen des Perpetuum mobiles, Schwerkraftmotoren,
Magnetkraftwerke, Tachyonenstrahler und Sternenstaub-
generatoren. Ebenso locker sitzt ihnen das Geld, wenn
es um exotische Aktien geht. Da wird die Börse zur Spiel-
bank ...

... in der Waagen übrigens auch häufig anzutreffen sind. Anders als Löwen aber, ist ihnen das Glück keineswegs immer hold.

Schließlich ein weiterer beliebter Weg, Waagen um ihr Erspartes zu bringen: die Charity-Masche. Kenner der Materie präsentieren der zu melkenden Waage abenteuerliche Storys von vergeigter Kindheit, einer Jugend in der Straßengang, von missglückter Liebe und enttäuschter Karriere (oder umgekehrt), und die Waage reagiert wie gewünscht: Sie wird zum Scheinwerfer. Zehner, Zwanziger, Fünfziger, Hunderter, ja, sogar Fünfhunderter wechseln mühelos den Besitzer – und das auf Nimmerwiedersehen. Sie wissen Bescheid, wenn Sie mal Geld brauchen ...

# Das Automobil

Während vernünftige Menschen nach sicheren, sparsamen und zuverlässigen Automobilen suchen, wählen Waagen ihren Wagen ausschließlich nach unvernünftigen Kriterien: Hauptsache, das Design stimmt. Was Wunder, dass Waagen mit den technisch absonderlichsten Fahrzeugen herumgondeln. Nach dem ersten Rausch des Besitzerstolzes folgt für die Waage stets der Schock der Ernüchterung: Das italienische In-Auto ist die Rostlaube an sich; der englische Roadster eignet sich eher als Toaster; am schicken

Kleinwagen ist nur eines in Ordnung: das Nummernschild. Die elegante und sparsame Limousine ist e n Sprit- und Öl-säufer, der Bukowski weit in den Schatten stellt und über weite Strecken nur mit nachfolgendem Tankwagen betrieben werden kann. Weil Waagen sich aber zu einem Fahrzeugwechsel nicht entscheiden können, fahren sie die üblen Geräte oft, bis dass der TÜV sie scheidet.

## Die Schokoladenseiten

Waage-Menschen werden von Natur aus schnell müde. Deshalb halten sie auf Feten oder Familienfesten nie allzu lange durch und nerven die übrigen Gäste nicht über Gebühr mit ihrem Gerede. Ärgerlich: Waagen erholen sich auch überraschend schnell. Zehn Minuten auf dem Sofa, und der Affentanz geht wieder los. Schicken Sie abgeschlaffte Waagen am besten sofort nach Hause in ihr eigenes Bett!

## Die Schattenseiten

Alle Waagen halten sich für Künstler – sie malen, töpfern und bildhauern selbst dann noch, wenn Angehörige anderer Sternzeichen beim Anblick ihrer Werke laut schreiend davonlaufen. Zu allem Überfluss leiden Waagen auch noch unter dem Zwang, ihre Werke verschenken zu müssen. Wehe dem, der von einer Waage geschäftlich oder sonst wie abhängig ist und deren geschenkte Unsagbarkeiten aufstellen oder -hängen muss. Beileid, liebes Kunstopfer, tief empfundenes Beileid ...

# Der reine Horror

Schlimmer noch als alle Waage-Kunstattacken: eine Waage in der Natur. Wehe dem, der in Waage-Begleitung das Sauerland durchqueren oder an der Nordseeküste verweilen muss. Da kümmern weder Waldsterben noch hoch technisierte Windparklandschaften – beim Anblick von »Natur« flippen Waagen voll aus. Eine spezielle Drüse im Hinterkopf sondert »Panoramorin« (das sogenannte Flora- und Fauna-Kitschhormon) ab, und aus dem Mund der Waage quillt ein Wust lobpreisender, aber keineswegs schöner Wortgebilde. Oft genügt der Anblick einer Blüte, eines Grashalms oder das letzte Todeszirpen einer vergifteten Grille, um eine solche Eruption auszulösen.

Suchen Sie, liebe Angehörige anderer Sternzeichen, bitte umgehend eine sichere Deckung auf und bedecken Sie den Kopf mit Ihrer Aktentasche oder einer Tageszeitung. Sollten Sie sich häufiger mit einer Waage im Freien aufhalten, ist anzuraten, stets eine Packung »Gloropax« bei sich zu tragen.

Hier ein Beispiel eines verbalen Waage-Ejakulats beim Anblick eines simplen Kartoffelackers:

> *Siehst du den Landmann, subventionsgestählt,*
> *im letzten Licht des Tages edle Knollen ernten?*
> *Erahnest nicht auch du den hehren Duft*
> *gebratener Sieglinde?*
> *Sieh nur, der letzte Strahl des Tages*
> *streift den ölbewehrten Motorblock*
> *des bärenstarken Schleppers,*
> *wärmt seinen Diesel ...*
> *Und dort – in fetter Furche grunzend*
> *das edle wilde Schwein.*

Genug? O. k., o. k.!

# Die Gesundheit

Gesundheitsgefahren gibt es für Waagen genug. Weil sie
das Maul nicht halten können, fliegen ihnen ständig irgendwelche Bazillen, Bakterien oder Viren hinein. Die Folge: Husten, Schnupfen, Bronchitis, Grippe. Einziger Schutz
wäre eisiges Schweigen, das Waagen aber für keine drei
Minuten durchhalten können. Nicht nur die Atemwege
der Waage leiden unter dem ununterbrochen Redefluss.
Weil die Waage sich ständig selbst zuhören muss, kriegt

sie Kopfschmerzen oder Migräne. Gegenmittel: Den Kopf warm- oder den Mund zuhalten! Was helfen alle Appelle? Waagen können nicht still sein.

Nervös sind Waagen allerdings nicht nur in der Kopfregion. Ein paar Etagen tiefer rebelliert der Magen mit Sodbrennen oder gar Geschwüren auf das unruhige Leben der Waage – vergeblich. Statt auf ihren Körper zu hören, stopft die nervöse Waage sich irgendwelche Medikamente in den Rachen, welche die Sache nur noch schlimmer machen. Noch weiter unten leiden die Bandscheiben darunter, dass Waagen jede körperliche Betätigung vermeiden und als Schreibtischtäter mit schlaffen Muskeln und krummem Rücken auf ergonomisch katastrophalen Designerbürostühlen abhängen. Wen wundert es, dass Waagen es auch mit den Knien haben.

Zum Schluss noch eine Warnung für alle Ärzte, die Waagen behandeln (müssen): Medikamente und Spritzen sind bei Waagen absolut wirkungslos, wenn eine psychologische Beratung fehlt. Sprechen Sie der Waage auch bei einer leichten Erkältung unbedingt Mut zu – sonst stirbt sie ihnen unter den Händen weg.

Waagen im Krankenhaus brauchen weniger Therapie oder medikamentöse Behandlung als Unterhaltung: Wenn die

Krankenschwestern Ballett tanzen, genesen Waage-Männer im Raketentempo! Wenn ihnen der Chefarzt händchenhaltend vorliest, werden Waage-Frauen schneller gesund, als ihren Ärzten lieb sein kann …

## Das Lieblingsgetränk

Ob heiß, kalt, lauwarm, kochend heiß, hochprozentig alkoholisch oder nahe an der abstinenten 0,0-Promille-Grenze – Waagen trinken alles. Waagen sind von ihrem Wesen her Genießer und können zu keinem alkoholischen Getränk, das ihnen angeboten wird, nein sagen. Schon deshalb sind Waagen sehr praktische und pflegeleichte Gäste. Wer sonst würde den üblen Pfefferminzlikör vernichten, den Tante Elsbeth letztes Jahr aus dem Urlaub mitgebracht hat? Wer schreckt nicht einmal vor extraterrestrisch blauen Powerdrinks, koffeinstrotzenden Chemocecktails oder gar Eierlikör (man stelle sich vor: ein Keimzellenmixgetränk!) zurück? Waagen kippen sich alles hinter die Binde – und das auch noch mit Genuss …

## Das Lieblingsgericht

Wie kann es nach dem vorangegangenen Kapitel anders sein: Waage-Menschen essen so ziemlich alles. Wenn sie Fleisch verspeisen, ziehen sie zwar solches vom Rind vor, aber auch Lamm, Schwein, Ente, Pute, Huhn, Hahn und Hauskaninchen müssen daran glauben. Zwar sagen Waagen, dass sie Pasteten und Salate bevorzugen, aber vermutlich äußern sie dies nur, weil es gerade irgendwie als chic gilt, Pasteten und Salate in sich hineinzustopfen. Waage-Menschen essen Gebackenes und Gedünstetes, Gebratenes ebenso wie Rohes. Sie stopfen Kartoffeln, Nudeln und Reis in sich hinein, schaufeln Gemüse, Soßen und Süßes und zeichnen sich durch einen bemerkenswerten Magen aus, der alles schluckt – bis auf scharfe Gewürze und, wie bereits sagt, Stress. Doch, wie kann es anders sein, gerade darauf sind Waagen ungeheuer scharf (auf die Gewürze, nicht auf den Stress). Sie schlucken Paprika bis zum Feueralarm, würzen mit Tabascosoße, bis ihnen die Flammen aus dem Hals schlagen, und brennen sich mit rotem Pfeffer Löcher in die Magenwände.

Wen wundert es, dass es zahlreiche Waagen gibt, die sich mit Messer und Gabel ihr Grab geschaufelt haben ...

# Das In-Lokal

In dieser Hinsicht weisen die Sternzeichen Löwe und Waage starke Parallelen auf. Auch für Waagen gilt: Hauptsache, das Äußere stimmt. Ein Restaurant kann in Wirklichkeit die hinterletzte Kaschemme sein, die Küche ihren Fleischbedarf aus dem Fleischgroßhandel oder anderer Übelquelle bestreiten – der Waage ist es egal, wenn nur der Innenarchitekt gut war. Waagen essen auch in neuzeitlich gestylten Pommesbuden, selbst wenn das Altöl in der Friteuse bereits die Tage Nebukadnezars gesehen hat.

Im Übrigen sind Waagen stets darum bemüht, das richtige Lokal zu besuchen – nur ausgesprochene In-Lokale sind gefragt. Es ist einer Waage ausgesprochen peinlich, mit den falschen Leuten am falschen Ort gesehen zu werden. Dumm nur, dass so viele Waagen in ein neues In-Lokal stürmen und das attraktive Etablissement augenblicklich wieder out ist.

# Das Lieblingstier

Das Kuscheltier der Waage ist die Ente. Das hat seinen Grund in der durchaus ähnlichen Lebenssituation von Waage und Ente. Beide können ihr Leben lang den Schnabel nicht halten, und beide gründeln ihr Leben lang im Seichten, auf der Suche nach tiefer gelegenen, substanziellen Werten. Vor allem schätzen Waagen die Ente aber gebraten und schön knusperig mit Honigkruste.

Waagen hassen alle Tierarten, die ihnen Arbeit machen. Haustiere werden nur widerwillig Gassi geführt, Nutztiere nur selten gehalten. Welche Waage wird schon Bauer? Die wenigen, die als Bauern geboren wurden, haben vermutlich die arbeitssparende Massentierhaltung erfunden.

## Die Sportart

Ideal für Waagen ist der Tanz. Waagen lieben das leichtfüßige Umherhüpfen ebenso wie das dramatische Sterben des Schwanes. Als Zuschauer sterben die Angehörigen anderer Sternzeichen am ästhetischen Schock. Die einzige Sportart, die ihnen gesundheitlich nützlich sein könnte, das Schwimmen, meiden männliche Waagen oft. In der Badehose machen sie keine sehr gute Figur. Weibliche Waagen betreiben den Schwimmsport nur, solange ihr Bikini neu ist.

## Das Smartphone

Auch wenn es Waage-Menschen finanziell ruiniert: Es muss immer ein Apfel auf dem Smartphone sein. Nur so kann der Vertreter dieses Sternzeichen dokumentieren, dass sich seiner Meinung nach Karl Marx geirrt hat und dass Design das Bewusstsein bestimmt. Da Waagen ihr Smartphone quasi mit jedem neuen Modell aus Cupertino wechseln und sich nicht so recht mit den finanziellen Rahmenbedingungen ihres Handyvertrags beschäftigen mögen, trägt das Mobiltelefon erheblich zu den irrwitzig hohen monatlichen Kosten von Waage-Menschen bei. Niemand quatscht so teuer.

# Online

Da Selbstdarstellung genau das Ding dieses Sternzeichens ist, ist der Auftritt von Waage-Menschen in den sozialen Medien und auf ihrer Website stets professionell gestylt – glaubt zumindest die Waage, die in beiden Fällen das Design zurechtgefummelt hat. Inhaltlich saugen Waagen immer den neuesten Hype aus dem Netz, wissen immer genau, was angesagt ist, und mischen überall kräftig mit. Leider auch dort, wo sie von nichts eine Ahnung haben, wie zum Beispiel in politischen Foren ...

# Das Lieblingsbuch

Zwar verfügen Waagen häufig über eine beachtliche Bibliothek mit raumhohen Regalen voller farbenprächtiger Bücher. Das sind sie sich und ihren Mitmenschen schuldig, denn schließlich sollen alle Angehörigen anderer Sternzeichen wissen, wie kulturvoll doch Waagen mental aufgestellt sind. Selten jedoch haben sie mehr als den Klappentext von *Harry Potter und der Stein der Weisen* gelesen. Danach gingen sie lieber ins Kino.

# Der Lieblingsfilm

Waage-Frauen lieben es familiär-kitschig: *Stolz und Vorurteil* zum Beispiel kennen sie in allen je gedrehten Versionen. Waage-Männer lieben Filme, in der die ausgleichende Gerechtigkeit siegt. Erst wenn am Schluss der Gangster in seinem Blute, der Kommissar im Whirlpool mit der schönen Heldin in seinen feuchten Träumen badet, ist ein Waage-Cineast zufrieden. Außerdem muss mit Stil getötet werden. Ideal: Alle James-Bond-Filme.

# Die TV-Lieblingsserie

Britische Fernsehserien wie etwa *Downton Abbey* oder online *Mr. Selfridge* oder *The Paradise* treffen voll in das harmoniesüchtige Herz der Waage. Deutsche Nachahmungen wie *Sturm der Liebe* oder *Rote Rosen* dienen allenfalls als Ersatzdroge. Ein bisschen *Gute Zeiten, schlechte Zeiten* oder *Berlin – Tag und Nacht* geht auch immer.

# Die Lieblingsmusik

Ob Pop, Rock, Jazz oder Oper – Hauptsache, die Stars sehen gut aus. Wie oder was ein Megastar der Musikszene kreischend, schreiend oder winselnd von sich gibt, ist letztendlich völlig gleichgültig. Waagen stehen außerdem auf Bühnenshows mit Wackelärschen, Exotenzoo, Silikontitten, Knalleffekten, paramilitärischem Dressurballett, Laserstrahlen und Mammutboxen. Stimmwunder wie Britney Spears (*2.12.1981 und damit Schütze) wären ohne Waage-Publikum längst ausgestorben. In der Klassik lieben Waagen alles harmonisch Fließende. Im Konzert geben Sie sich stets kompetent und kunstbeflissen, aber das sind sie ihrem Ruf schuldig, und dieselbe Expertise würden sie auch abliefern, wenn sie ein Orchesterwerk nicht von der Hintergrundmusik im Supermarkt unterscheiden könnten.

## Das Reiseziel

Waagen sind typische Klub- und Trend-Urlauber. An schönen Plätzen unseres wunderschönen Planeten, mit wunderhübschen Menschen wunderbare Dinge tun und wundersame Cocktails schlürfen – so lautet das höchste Urlaubsziel aller Waagen. Wen wundert's, dass sie sich in bestimmten kommerziellen Wunderwelten gegenseitig auf den Füßen stehen? Mit unglaublichem Gespür finden Waagen heraus, wo in der jeweiligen Saison der Trend an den Palmen rüttelt. Angehörige anderer Sternzeichen meiden diese Plätze sicherheitshalber. Oder haben Sie Lust, an der Strandbar von Punta Cana (Name wird jährlich ausgetauscht) das Vollrauschvokabular von 3000 Waage-Wunderurlaubern akustisch zu ertragen?

# Das Rauschmittel

Andere Sternzeichen nutzen die braune Brühe als gelegentliches Getränk – Waagen gebrauchen sie exzessiv: Ohne Kaffee können Waagen nicht. Er schärft ihren überaus kritischen Verstand (glauben Sie jedenfalls) und macht sie aufmerksam und wach. Auch bringen Waagen ohne das warme Quasselwasser nicht ihre kommunikative Hochleistung. In Wirklichkeit verursacht Kaffee bei Waagen und bei allen andern Sternzeichen nur hohen Blutdruck, Sodbrennen und Blähungen.

# Die Ausrede

Waagen sind weder belastbar noch entscheidungsfreudig. Standardausrede Nr. 1: »Ich war einfach zu kaputt!« Standardausrede Nr. 2: »Ich konnte mich einfach nicht entscheiden!«

# Die Leiche im Keller

Irgendwann in ihrem Leben ist jede Waage einmal in einem Rausch der Menschenfreundlichkeit und Harmoniesucht in ein krummes Ding hineingeschlittert. Waagen stehen beim Autodiebstahl Schmiere in dem Glauben, für den Besitzer eines Pannenfahrzeugs auf den ADAC zu warten. Sie nehmen an Gründungsversammlungen kriminellster Vereinigungen teil und glauben nachher, sie seien zum Schriftführer von Greenpeace gewählt worden. Sie bunkern im Zuge der Nachbarschaftshilfe Hehlerware in ihrer Wohnung und werden, ohne es zu ahnen, zum Hausmeister eines illegal betriebenen Bordells. Wenn Waagen endlich merken, in was sie verstrickt sind, ist längst alles zu spät, und sie müssen weitermachen ...

# Die Glanztat

a) Die Erfindung der Telefonkonferenz und b) die Erfindung der Werbeagentur gehen vermutlich auf das Konto von Waagen. Alle anderen Sternzeichen sind ihnen dafür unendlich dankbar. Waage-Erfindern verdanken wir außerdem die kardanische Aufhängung und die Kardanwelle (Gerolamo Cardano, *24. September 1501), den Kugelschreiber (László József Biró, *29. September 1899), die drahtlose Sprachübertragung (Reginald Aubrey Fessenden, *6. Oktober 1866), das Ketchup (Henry John Heinz, *11. Oktober 1844) die Nähmaschine (Josef Madersperger, *6. Oktober 1768), den Kreiselkompass (Hermann Anschütz-Kaempfe, *3. Oktober 1872) und das Dynamit (Alfred Bernhard Nobel, *21. Oktober 1833). Eine explosive Mischung.

# Der Flop

Fast selbstverständlich, dass eine Waage den klassischen Traumtänzerroman geschrieben hat. Der nicht eben gut trainierte Ritter Don Quijote, sein Pferd Rosinante und der dicke Diener Sancho Pansa sind der Feder des am 29. 09.1547 geborenen Miguel de Cervantes Saavedra entstiegen. Der Kampf des abgefahrenen Ritters gegen Windmühlenflügel und seine übrigen Husarenstücke hatten überraschenden Erfolg: Der Roman liegt hinter der Bibel auf Platz 2 der Hitliste aller weltweit veröffentlichten Bücher. Klar, dass der Autor als echte Waage zu Lebzeiten nichts davon hatte. Die Familie des Miguel de Cervantes Saavedra war, vermutlich durch die Verschwendungssucht von Waagen, völlig verarmt, der Dichter selbst musste als Steuereintreiber (!) sein Brot verdienen.

# Der Bluff

Typisch Waage – viel Trara, nichts dahinter: Der russische Adlige Fürst Grigori Alexandrowitsch Potemkin (* 24.9.1739) war der Liebhaber der Zarin, die ihn zum Minister, Oberbefehlshaber des Heeres und Großadmiral ihrer Flotte machte. Da Potemkin aber eine militärische Null war und mit Vorliebe menschenleere Steppen eroberte, seine Gönnerin aber Leistung sehen wollte, täuschte er Wohlstand und reichliche Besiedlung mit einem fiesen Trick vor: Er ließ die nach ihm benannten »Potemkinschen Dörfer« errichten – schnell zusammengezimmerte Fassaden mit rein gar nichts dahinter. Flugs herangekarrte Leibeigene mussten die Bevölkerung mimen.

Die Krönung: Zarin Katharina war von ihrem Lover so geblendet, dass sie den Bluff nicht durchschaute. Oder wollte sie nicht?

# Die Liebe

Wie kaum ein anderes Sternzeichen sind Waage-Menschen von sich und ihrer Wirkung auf das andere (oder das eigene) Geschlecht überzeugt. Waage-Männer und -Frauen halten sich für schlicht unwiderstehlich. Das hat seine Ursache in der, oberflächlich betrachtet, ganz netten Art der Waage und der kleinen Portion Charme, die sie von Natur aus mitbekommen haben. Doch wer tiefer bohrt und nach echten Gefühlen sucht, wird von Waage-Menschen ebenso enttäuscht sein wie ein hungriger Holzfäller in einem Drei-Sterne-Restaurant: Es bleibt bei der kleinen Portion …

# Waage-Frauen

Sie sind überzeugt von ihrem Charme und ihrem eleganten Auftreten, und sie glauben, dass alle Männer ohne jede Ausnahme in sie verliebt sein müssen. Deshalb mimen sie zuerst einmal den coolen Vamp und lassen alle Angebote an einer Mauer aus kühler Distanz abgleiten. Nur wem es durch penetrante Selbstpräsentation gelingt, sie durch sein Äußeres zu beeindrucken, hat eine Chance – vielleicht. Die besten Aussichten bei Waage-Frauen haben Dressmen mit breiten Schultern, schmalen Hüften, ausreichend Kohle in der Brieftasche (Aigner!) und Stroh in der Birne. Selbstverständlich muss dann dieser Partner vom Wesen her ein empfindsamer Macho, eine Art Bodybuilder-Seelchen sein.

Männer, die bei Waage-Frauen auf traute Hausmutterschaft hoffen, haben sich geschnitten. Auch wenn anfängliche Strategien es der Dame angeraten scheinen lassen, auf Mutti zu machen, so entpuppt sie sich bald als karrieregeiler Erfolgsjunkie. Selbst wenn vier Kinder zu versorgen sind, besteht die Waage-Frau auf Selbstverwirklichung im Beruf. Einleuchtend, wer dann den Hausmann machen und den Dreck wegräumen darf, der sanfte Macho mit Ökotrophologie-Abschluss und Charisma nämlich.

Zur Hausarbeit kommt der Ärger mit der Eifersucht. Waage-Frauen üben eine magische Anziehung auf Männer aus, ob sie nun verheiratet oder sonst wie in festen Händen sind oder nicht. Tagtäglich umlagern Heerscharen von Gigolos das Haus, blockieren in weiter Umgebung die

Parkplätze, schicken ungeheure Blumenpräsente und anderen Horror und fressen bei Spontanbesuchen den Kühlschrank leer. Sie hält die Armee ihrer Anbeter mit einem unvergleichlichen Lächeln (einem unvergleichlich ignoranten Lächeln) bei Laune und in froher Erwartung, und der Ehemann platzt schier vor Eifersucht und darf auch noch den Biomüll seiner Konkurrenten wegräumen. Resümieren wir also: Die Waage-Frau – die Frau Ihrer Träume? Ihrer Alpträume vermutlich ...

Wenn sie sich aber einmal einem Mann an den Hals geworfen haben, tritt das genaue Gegenteil ein – sie bleiben kleben. Der Partner einer Waage-Frau mag eine Couchkartoffel, ein widerwärtiger Chauvi und Rudelbumser, der schlaffste Pantoffelheld weit und breit oder der Super-Alki sein – die Waage-Frau kriegt einfach nicht die Kurve, eine Entscheidung zu treffen und ihren Lover in die Pampa zu schicken.

# Waage-Männer

Ungemein sympathische Typen – so sympathisch, dass jeder sofort an Internetbetrug und Heiratsschwindel denkt, wenn sie irgendwo auftauchen. Keine wirklich guten Startaussichten für erotische Invasionstätigkeit. Hinzu kommt ihre schier übermenschliche Menschenkenntnis. Hier wie bei der Wahl seines Fahrzeugs lassen sie sich von Chrom und Lack beziehungsweise Maskara und Lidschatten blenden – Verkaufslackierung genügt.

Welche inneren Werte seine Gefährtin hat, ist dem Waage-Mann zunächst völlig schnuppe – Hauptsache, die Lady sieht ungemein ansprechend aus. Klar, dass mehrfach satt ins Klo greift, wer sein Lustsubjekt derart naiv auswählt.

Apropos auswählen – die zweite Riesenmacke des Waage-Mannes. Er wählt aus, betrachtet, erwägt, bedenkt, grübelt nach und bespricht, lässt sich dann alles noch einmal in Ruhe durch den Kopf gehen oder holt Gutachten ein. Und wenn jeder glaubt, dass er sich nun entscheiden werde, beginnt er mit der ganzen Prozedur von vorne. Nur zu verständlich, dass selbst Lolita längst zur Lustgreisin gealtert wäre, würde sie auf ihn warten – also trifft sie angesichts dieses Zögerlings die einzig richtige Entscheidung und hüpft mit dem nächstbesten, halbwegs akzeptablen Mann in die Tonne oder gleich in eine glückliche Partnerschaft, während der Waage-Liebhaber staunend seinen wachsenden Greisenbart betrachtet und noch immer keine Entscheidung getroffen hat.

Waage-Männer, die wegen ihrer Zögerlichkeit bereits mehrfach um Lust und Liebesleben gekommen sind, versuchen, mithilfe ihres kritischen Verstandes Abhilfe zu schaffen. Sie erstellen Entscheidungschecklisten oder programmieren ihren PC, um schneller auf den G-Punkt zu kommen. Natürlich wirken derart wissenschaftlich-technische Hilfsmittel eher abkühlend auf die erotische Glut potentieller Gespielinnen.

Andere Waage-Männer verlegen sich während der Phase ihrer persönlichen Unentschlossenheit aufs Liebesgesülze. Statt klar und deutlich Farbe zu bekennen (etwa: »Tilda, ich find' dich echt bärenstark! Komm, lass uns 'ne eheähnliche Beziehung zusammenlöten!«), beginnen sie mit umständlicher, an Minnegesänge gemannende Verbalartistik Zeit zu schinden. Waage-Männer dieser Gattung verabreden zwei- bis dreihundert Rendezvous in Cafés, Kneipen oder Nachtlokalen und sülzen ihre Liebste endlose Abende lang von oben bis unten voll, bis diese es dann doch vorzieht, einen weniger komplizierten Mann zu wählen.

Gelingt es einem Waage-Mann nach endlosem Liebesgequatsche tatsächlich, eine Frau aufzureißen, geht der Ärger erst richtig los. Der unwiderstehliche Don Juan entpuppt sich als eifersüchtiger Knochen, streitsüchtiger Krisenhammel, nörgelnder Miesmacher oder schutzbedürftiges Würstchen und Muttersöhnchen. Hach, Waage-Männer sind ja so sensibel!

# Die Anbaggerszene

Die Waage-Frau: Tausend Männer umschwärmen die Waage-Frau, die alle Beteiligten liebreizend angrinst. Sie kann sich nicht entscheiden, welchen sie abschleppen soll und grinst deshalb so lange weiter, bis sie den Kieferkrampf kriegt.

Der Waage-Mann: Ein Mann sitzt an der Bar neben einer Frau, kippt einen Cocktail nach dem anderen und kaut seiner Nachbarin solange ein Ohr ab, bis sie aufsteht und geht. Er setzt daraufhin seine Bemühungen bei der nächsten Dame auf dem nächsten Barhocker fort. Das Spielchen geht so lange weiter, bis er sturzbesoffen und mit ausgefransten Lippen vom Stuhl fällt.

# Das Sexverhalten

Waagen sind ungemein vergnügungssüchtig. Eine einzelne Tätigkeit genügt ihnen nur selten. Deshalb ist ihnen jede beliebige Stellung recht – Hauptsache, man kann dabei essen, trinken, reden, fernsehen, Kreuzworträtsel lösen oder Zeitung lesen.

# Die Idealpartner

Auf einer Wellenlänge mit Waagen liegen Wassermänner und Zwillinge. Halbwegs in Ordnung gehen Verbindungen mit Löwe, Skorpion, Schütze und Jungfrau. Steinböcke sind der Waage viel zu lahmarschig und langweilig, Krebse fahren derart auf Waagen ab, dass sie diese allzu leicht mit einem Überschwang an Liebe emotional fertig machen. Eher zur todlangweiligen Sorte gehören Verbindungen zu Stier und Fisch. Voll in die Binsen gehen Verbindungen des wilden Widders mit der Waage.

Um Irrtümer vorzubeugen – bei den folgenden Paaren geht es nicht um tatsächliche Konstellationen. Namen stehen nur für Typen und Charaktere. Wie sonst wären Paarungen über den Abgrund der Jahrhunderte hinweg denkbar? Doch die schwache Fantasie von uns Menschen braucht Anregungen, Vorstellungen, griffige Bilder, um zu funktionieren. Leider werden die meisten unserer Traumpaare in der Wirklichkeit nicht zueinander finden können.

**???**

## Waage und Widder

Waagen sind für Widder viel zu vorsichtig und unentschlossen. Ehe sich eine Waage auf einen Quickie mit einem Widder einlässt, ist der vermutlich schon wieder zu einem seiner Kaninchenverhältnisse weitergehoppelt. Auch das übertriebene Harmoniebedürfnis der Waage und ihr übersteigerter Schönheitssinn liegen dem Widder nicht: Während die weibliche Waage noch das Diner bereitet, den Rotwein wärmt, gedämpfte Musik einschaltet und die Kerzen anzündet, hat der Widder schon eine Ejaculatio praecox oder ist auf dem Weg ins Freudenhaus.

Gelingt es, diese kleinen Probleme zu überbrücken (vielleicht nimmt der Widder am besten ein, zwei Valium?), und gelingt es dem Widder, seine himmelschreienden Manieren zu kultivieren (Benimmkurs?), kann allerdings eine überaus amüsante und lebendige Verbindung entstehen (solange das Valium für den Widder nicht ausgeht). Besonders bewährt es sich, wenn der Widder beruflich unterwegs ist (am besten fünf, sechs Monate im Jahr).

## Promi-Paar Waage-Widder:
## Ursula von der Leyen (Waage) und
## Gerhard Schröder (Widder)

Seit er bei Gazprom jobbt, geht sie total in Familie auf. Mit Gerhards Gratisgas macht auch das Kochen wieder Spaß! Und Gerhard, jüngster Pate der Russenmafia, würde so ziemlich alles für seine neue Familie tun, auch wenn sie sieben Kinder und diesen Heiko mit in die sehr offene Ehe gebracht hat. Er dreht in Moskau am Gashahn, lernt mit seiner neuen Schreibkraft Ludmilla Sprachen (er Russisch, sie Französisch), und sie hat in Berlin einen ganz guten Halbtagsjob. So ganz oft sehen sie sich ja nicht, und das ist auch besser so.

# Waage und Stier

Für die eloquente, nach Übereinstimmung lechzende Waage stellt der stupide Stier zeitgeistmäßig ein Loch in der Schöpfung dar – bevor er überhaupt reagiert hat, ist die Waage schon auf dem nächsten Trip. Waagen nehmen daher Stiere meist überhaupt nicht wahr, es sei denn als leckeres Steak in der Pfanne. Stiere empfinden Waagen als quecksilbrige Windbeutel, die weder einen Augenblick lang stillsitzen noch ein anständiges Vermögen ansammeln können. Im Gegenteil: Waagen werfen das Geld mit vollen Händen zum Fenster hinaus. Sollte es trotz dieser Widersprüche zu einer liebenden Verbindung zwischen Waage und Stier kommen – von Dauer ist das nicht.

## Promi-Paar Waage-Stier: Henry John Heinz (Waage) und Barbara Hendricks (Stier)

Was hat sie ihm, dem Erfinder des Ketchups, eigentlich zu bieten? Sie steht auf Frauen, ernährt sich vegetarisch und wird sich sicher nicht seine geniale rote Soße über die Dinkel-Soja-Wurst gießen. Seine Millionen braucht sie nicht, denn als Bundesministerin für Umwelt, Naturschutz, Bau und Reaktorsicherheit ist sie sicher gut versorgt, aber offenbar auch sehr gestresst – nicht nur Henry John ist bereits beim ersten Treffen aufgefallen, dass sie immer total fertig aussieht, und das trotz ihrer gesunden Lebensweise ohne Ketchup, oder gerade wegen? Und da gibt es noch ein kleines Problem: Sie hat ihn total ignoriert, als er ihr eine Kopfsteher-Squeezeflasche seines neuen Bio-Ketchups als Gruß zugesandt hat ... Jetzt flirtet er mit Herta Heuwer (Krebs), der Erfinderin der Currywurst, und erhofft sich davon bessere Chancen.

✝✝✝

# Waage und Zwillinge

Waage und Zwilling bilden ein Traumpaar. Sie stimmen in vieler Hinsicht überein. Vor allem in ihrem Hang zur Gesprächigkeit finden sie ein adäquates Gegenüber. Gespräche zwischen Waage und Zwilling hinterlassen allerdings bei Zuhörern einen merkwürdigen Eindruck: Da haben zwei über Stunden miteinander gesprochen, aber niemand hat auch nur die geringste Kleinigkeit gesagt. Aber die beiden verstehen sich eben nicht ohne Worte, auch wenn die nichts bedeuten. Warnung: Eifersuchtsszenen, eher vom Zwilling angezettelt, haben Seifenopernqualitäten und bringen die Waage völlig aus dem Gleichgewicht.

## Promi-Paar Waage-Zwillinge: Günter Wallraff (Waage) und Lena Meyer-Landrut (Zwillinge)

Er nennt sie liebevoll Meyer-Landei und sie ist total begeistert, wenn ihr *Satellite* Günter mal wieder nur für sie den investigativen Spürhund macht und nach ihren verborgenen Talenten sucht. Außerdem passt keiner so gut wie er auf ihre Goldene Kamera auf. Lästig ist in Bezug auf die erotischen

Komponenten ihrer Beziehung, dass immer dann, wenn sie etwas Interessantes enthüllt, gleicht das ganze Team Wallraff auf der Matte steht – eben Experten für Enthüllungsjournalismus, da kann man nichts machen. Alltagsprobleme, aber sie hat ihn zu einem ganz neuen Projekt motiviert: Er will sich verkleidet als Toni Erdferkel in deutsche Casting- und Gesangswettbewerbe einschmuggeln und der Welt beweisen, dass es dort überhaupt niemanden gibt, der wirklich singen kann. Eine großartige Aufgabe mit guten Erfolgsaussichten.

## Waage und Krebs

Waagen sind Krebsen irgendwie nicht ganz geheuer. Viel zu leichtsinnig und verspielt gehen sie durch das Leben, und dem Gefühlssumpf, in dem der Krebs sich so gern suhlt, fehlt bei der Waage die nötige Tiefe. Außerdem gibt es für den Krebs keine finanzielle Übereinstimmung, denn echte Waagen sind ziemlich verschwenderisch.

Für die Waage kommt der Krebs auch ästhetisch nicht in Frage. Wie der schon rumläuft! Ständig im beuteligen Trainingsanzug und in Jesuslatschen! Oder in dieser antiken Strickjacke! Und erst die Wohnungseinrichtung! Schlimmster Gelsenkirchener Barock vom Trödelmarkt! Krebse? Nein, danke!

## Promi-Paar Krebs-Waage: Theresa May (Waage) und Vitali Klitschko (Krebs)

Immerhin: Beide kennen sich aus mit schwierigen politischen Konstellationen, er als Bürgermeister von Kiew, sie als die Premierministerin des Brexit. Sie hat David Cameron weggeräumt, er konnte als Profiboxer 87,23 Prozent seiner Gegner durch k. o. ins Reich der Träume schicken. Was, wenn die beiden einen Konflikt auszutragen hätten, sagen wir über die Wohnungseinrichtung, ein häufiger Konflikt zwischen diesen Sternzeichen? Was der Waage zu geschmacklos ist, ist für den Krebs zu teuer. Gut, Frauen schlägt man nicht, so das Gesetz nicht nur in Profiboxerkreisen. Würde Vitali stattdessen die Möbel neu arrangieren? Würde sie ihn unter Androhung von Strafe zwingen, ihr Land als illegaler Einwanderer umgehend zu verlassen, sozusagen den Klixit zu machen? Wir werden es nie erfahren, denn zum Glück führen sie nur eine Fernbeziehung, er in Kiew, sie in London. Belassen wir es lieber dabei.

# ++?

## Waage und Löwe

Die heitere, ausgesprochen gelöste Atmosphäre am Hofe des Löwen sagt der Waage zu, denn wo sonst kann man im standesgemäßen Outfit so unbefangenen über Kunst und Kultur plaudern, auf anderer Leute Kosten Champagner schlürfen und Lebensart demonstrieren? Allerdings zahlt auch die Waage für den Luxus: mit Schmeicheleien, Lobeshymnen für den freigebigen Herrscher und mit immer neuen Einfällen, ihn in Szene zu setzen. Doch Vorsicht, Löwen: Als Haushofmeister eignen sich Waagen nicht. Wenn das lustige Genießen in Arbeit oder Verpflichtung ausartet, macht die Waage zügig die Flatter. Das Flattern kriegt der Löwe, wenn er sein von der Waage verwüstetes Konto betrachtet ...

## Promi-Paar Waage-Löwe: Xavier Naidoo (Waage) und Heike Makatsch (Löwe)

Unflexibel ist Heike nun ganz und gar nicht. Schließlich hat sie es sogar in der Männerpension ausgehalten, Abenteuer mit Huck Finn erlebt, das Grüffelo synchronisiert und im Tatort die Hauptkommissarin gegeben. Aber muss Xavier unbedingt jeden Abend mit den Söhnen Mannheims die Hausbar dezimieren? Damals bei Viva hatte er mehr Interesse an ihr. Seine Liebesgesänge für sie fielen zuletzt wenig begeistert aus: »Sie sieht mich nicht ...«, sang er gekonnt professionell-schwermütig. Ist alles ihre Schuld? Wohl kaum. Am meisten hasst sie es, wenn er medienwirksam auf dem Dach des gemeinsamen Penthauses den Herrgott anruft, apokalyptische Popvisionen und entspannte Reggaepsalmen vorträgt oder den katholischen Muezzin macht ...

# Waage und Jungfrau

Ein günstige Verbindung – allerdings eher einseitig günstig. Kaum ist der erste Liebesrausch verflogen, wird die Waage von der Jungfrau an die Kandare genommen. Schluss mit dem leichtfertigen, genusssüchtigen Lotterleben! Vorbei ist es mit den hochfliegenden Träumen! Kunst, Kultur, Lebensstil – darüber kann eine Jungfrau nur lachen! Unter ihrer Führung wird aus dem erfolglosen Waage-Maler ein erfolgreicher Anstreichermeister, aus dem hungernden Komponisten ein steinreicher Musikalienhändler.

Kurz gesagt: Die Jungfrau bewahrt den Rest der Menschheit vor zahllosen mittelmäßigen Waage-Künstlern. Und da die Waage tief in ihrem Innern weiß, wie mittelmäßig sie ist, duldet sie dieses Zurechtstutzen ihrer Flügel nur zu gern.

In einer Hinsicht können Jungfrauen Waagen allerdings nicht recht befriedigen: Waagen, die mit Jungfrauen verbunden sind, nehmen abends stets eine Wärmflasche mit ins Bett, um nicht zu frösteln.

## Promi-Paar Waage-Jungfrau: Hugh Jackman (Waage) und Sarah Wiener (Jungfrau)

Hugh findet Frauen, die mit der Schürze hinter dem Herd stehen, an sich nicht besonders scharf, aber wenn sie so gut aussehen und kochen können wie Sarah, ist er voll dabei. Sie mag an ihm besonders die animalische Seite: Wolverine. Wenn er die Nackenhaare aufstellt und die Adamantium-Krallen ausfährt, vergisst sie all ihre Rezepte. Positiv für das Zusammenleben: Es sind immer Gäste im Haus, wenn Sarah neue Delikatessen zaubert – die X-Men haben in den letzten Monaten ganz schön zugelegt. Sarah mag es allerdings nicht, wenn Magneto unauffällig Besteck mitgehen lässt, und neulich hat Cyclops aus Versehen einen Blick in ihre Küche geworfen – ohne Rubinglasbrille. Das gab einen Polterabend! Glücklicherweise konnte dann Firestar als lebende Mikrowelle aushelfen und ein paar Fischstäbchen aufwärmen ...

## Waage und Waage

Selten genug – zwei Angehörige ein und desselben Tierkreiszeichens vertragen sich! Was Wunder, bei dem übersteigerten Harmonietrieb von Waagen. Zwei Waagen geraten regelmäßig in einen rauschhaften Zustand der Übereinstimmung, richten eine unglaublich geschmackvolle, völlig überstylte Wohnung ein, beraten einander äußerst effektiv in Bekleidungsfragen, überschütten sich gegenseitig mit süßem Wortgeklingel und nerven ihre Mitmenschen durch ihr unglaublich fettes Liebesglück. Die einzige Gefahr für diese Super-Duper-Kitsch-Beziehung: Auch das Paradies wird auf Dauer langweilig ...

# Promi-Paar Waage-Waage:
# Serena Williams (Waage) und
# Günter Grass (Waage)

»Auf Gras bin ich am besten!«, sagte nicht umsonst Tennis-Ass Boris Becker. Auch Serena läuft zur Hochform auf, wenn sie nur an ihren Günter denkt. Dieses Paar ist ein Musterbeispiel an Harmonie: Sie verstehen sich so gut, dass sie nicht einmal zusammenleben müssen. Wenn er seine geliebte Serena mal wieder sehen will, schaltet Günter einfach den Fernseher ein und findet sie auf allen Kanälen. Wunderbar, als ob sie nur für ihn spielen würde! Ach, und da ist ja auch die Verwandtschaft, Schwester Venus spielt auch wieder mit. Ob er sich manchmal einsam fühlt, so ganz ohne sie? Nicht die Bohne, der SPD-Ortsverein und Oskar Matzerath sind quasi Dauergäste im Hause Grass und Wolf Biermann schaut auch hin und wieder vorbei – natürlich nicht ohne Sixpack. Nomen ist schließlich Omen. Typisch Waage: Intimer und kommunikativer geht es kaum.

# Waage und Skorpion

Venus und Mars – das gibt Zoff, und zwar in jeder Hinsicht. Wenn der Skorpion Feuer fängt, brennt meist gleich das ganze Haus ab. Übrig bleibt die emotional verkohlte Waage, mit einem Ehepartner und Hausdetektiv am Hals, denn der Skorpion fackelt nicht lange. Den Zeiten des Liebessturmes folgen solche verbissener Grabenkämpfe, in denen der Skorpion so lange obsiegt, bis die Waage zur Guerillataktik greift und den Skorpion ablinkt. Auf jeden Fall ergeben der Starrsinn und Widerspruchsgeist des Skorpions und die vehemente Eloquenz der Waage eine teuflische Sprengstoffmischung für stundenlange, ebenso fruchtlose wie lautstarke Dispute. Wenn Sie Beziehungsstress lieben, liebe Waage, suchen Sie sich also einen Skorpion. Der nervt Sie nicht nur glänzend, sondern bewacht Sie auch noch wie ein Schießhund. Die kleinen Eskapaden nebenher, die Waagen ja so sehr lieben, können Sie sich abschminken! Es sei denn, Sie wollen unbedingt in einem Morddrama (Motiv Eifersucht) mitwirken ...

## Promi-Paar Waage-Skorpion: Kate Winslet (Waage) und Boris Becker (Skorpion)

Das Ding mit diesem Leonardo hat er der sanften Kate nie verziehen, aber hat Boris, der tödlich eifersüchtige Skorpion, deshalb den ganzen Dampfer versenkt, quasi von der Besenkammer aus? Musste deshalb die ganze Filmcrew mit ins nasse Grab? Wir wissen es nicht und werden es wohl nie erfahren. Doch foltert der finstere Boris seine Kate mit immer neuen unmenschlichen Talkshowauftritten und Fernsehstatements – soviel Fremdschämen ist eigentlich unmenschlich. Dann wieder zeigt er ihr seine Sammlung abgrundtief hässlicher Tennispokale und will sie in besagte Besenkammer zerren. Was ist nur aus dem Leimener Goldjungen geworden?

✝✝✝

# Waage und Schütze

Kunstsinnig, extrovertiert und gesellig, wie beide Sternzeichen sind, finden sie leicht zusammen. Doch bevor sie eine dauerhafte Bindung eingehen, testen beide ihre anderweitigen Chancen gründlich ab. Zudem misstrauen sie jeweils der Leichtlebigkeit des anderen – mit gutem Grund, wie wir wissen.

Einmal entschlossen, zusammen zu bleiben, bilden Waage und Schütze ein Gespann, das an Langeweile nicht leiden wird: abgefahrene Feten, Partys, Partnertausch im Internet, schwule Kaffeekränzchen, esoterische Gesprächskreise, rauschende Feste, spielfilmreife Eifersuchtsdramen, spontane Menschenketten, haltlose Pokernächte, absurde Familientreffen und nächtelange Versöhrungsorgien stehen auf dem Programm ...

## Promi-Paar Waage-Schütze: Klaus Wowereit (Waage) und Christina Aguilera (Schütze)

»Endlich kommt Leben in die Bude!« freute sich Klaus, als er ihre Bewerbung für die Wohngemeinschaft am Kurfürstendamm in Händen hielt. Seit er den Job als Berliner Bürgermeister an den Nagel gehängt hat, langweilt sich Klaus als Frührentner. »Mit Christina machen wir Party ohne Ende! Burlesque und so! Sie macht die singende Kleinstadtkellnerin Ali Rose im Parkcafé am Fehrbelliner Platz, Klaus gibt den Barkeeper Jack, schulterfrei und tätowiert mit kessem *Pork Pie Hat*. Klar, dass die ganze Szene aufschreitet, überall rosa Fummel, und vielleicht kommt sogar Cher vorbei, das hübsche Ersatzteillager. Und das Tolle an der ganzen Sache mit Christina: Jörn mag sie auch ... und das ist gut so!

## ???

## Waage und Steinbock

Wenn Waagen von Luxus und Eleganz träumen, klemmt bei Steinböcken der Verschluss des Portemonnaies. Selters statt Sekt und Ölsardinen statt Kaviar – das geht jeder Waage auf die Dauer aufs Gemüt. Dazu das ewige Geseiere von Gunstbezeugungen durch den Chef, baldigem sozialen Aufstieg, günstigen Geldanlagen und einer Zukunft im eigenen Häuschen, das dem Steinbock doch immer nur zu einer Art Ziegenstall gerät ... Zuviel für eine echte Waage! So ein Kleingartenapostel wie der Steinbock kann ihr absolut gestohlen bleiben!

### Promi-Paar Waage-Steinbock:
### Will Smith (Waage) und
### Stephenie Meyer (Steinbock)

Zwei Fantasiewelten prallen aufeinander: Er jagt im schwarzen Anzug Außerirdische, sie hat immer neue schwarze Fantasien. Sie verkuppelt hübsche Mädchen mit blutleeren Vampiren, nämlich Bella mit Edward, er nennt sich Agent

Jay, treibt sich mit einem Typen namens Agent Kay herum und rettet alle paar Augenblicke das Universum. Ihr stinkt es, dass er dabei immer denselben Anzug trägt, ihn stört es gewaltig, dass sie offenbar einen Biss in den Hals für die reguläre Art der Fortpflanzung der menschlichen Rasse hält. Das kann ja nichts werden, da kann sie lange warten – bis(s) zum Morgengrauen ...

## Waage und Wassermann

Fantasie und Erfindergeist schaukeln sich zu Höchstleistungen auf, wenn Wassermann und Waage aufeinandertreffen. Kommunikativ und nach außen gewandt sind beide, und so ist es schier unmöglich für ein solches Paar, in den eigenen vier Wänden zu versauern. Wassermann-Waage-Verbindungen verbringen etwa 95 Prozent ihrer Freizeit in Bars, Cafés, Lofts und Lokalen – in den übrigen 5 Prozent produzieren sie mit Vorliebe neue Waagen, Wassermänner und gelegentlich auch den einen oder anderen Zwilling.

Problematisch kann in dieser Idealpaarung nur die Extravaganz des Wassermannes werden, die aber die Waage mit ihren diplomatischen Begabungen leicht wieder unterbügelt. Problematisch für die Mitmenschen ist die Wassermann-Waage-Verbindung wegen ihres unerträglichen Übermaßes an Geselligkeit allemal.

## Promi-Paar Waage-Wassermann: Meat Loaf (Waage) und Stéphanie von Monaco (Wassermann)

Beide stehen auf Schlösser: Er macht mit seinem Freund Tim Currywurst regelmäßig Urlaub im »Rocky Horror Hotel«. Sie liebt es, zu Weihnachten, Ostern und Pfingsten aufs Schlösschen nach Monaco zu fahren. Aber es verbindet sie mehr als dieser oberflächliche Hang zur adligen Architektur: Beide sehen unvergleichlich gut aus, singen unvergleichlich gut und konnten sich früher unmöglich ihrer ebenso zahl- wie skrupellosen Fans erwehren. Sie betreibt seit 1986 ein Café, er trat in grauer Vorzeit unmöglich oft in Film und Fernsehen auf, aber heute glücklicherweise nur noch in Serien wie *Dr. House*, *Monk* oder *Glee*, aber die kann man ja abschalten. Eine gute Basis für eine gesunde Beziehung.

**?**

# Waage und Fische

Diese Sternzeichen finden ganz gern zusammen. Schnell beeindruckt die elegante Waage den Fisch, ebenso schnell nimmt der sanfte Fisch die Waage gefangen. Wie lange ein Zusammenleben gut geht, hängt oft von äußeren Faktoren ab. Auf jeden Fall zieht die Waage nur zu gern in die Luftschlösser und Kartenhäuser ein, die der Fisch baut. Wenn diese allerdings einstürzen, ist die Waage schnell verschwunden. Dann siegt ihr Realitätssinn und sie überlässt die Aufräumarbeiten anderen.

Für den Fisch liegen die Schwierigkeiten an anderer Stelle: Fische lieben tiefe, klare Gewässer. Die Waage bietet gefühlsmäßig allenfalls einen flachen Springbrunnen – auf die Dauer ist das nicht genug.

## Promi-Paar Waage-Fische: Dita Von Teese (Waage) und Jan Böhmermann (Fische)

Sie sieht die Welt auf neue Weise, seit sie sich von Marylin Manson getrennt hat – nicht mehr so finster, aber dafür hängt jetzt immer so ein seltsamer spargeldünner Typ im Anzug in ihrem Gesichtsfeld herum. Ach so, das ist ja der Jan! Jetzt strippt sie nur noch für ihn. Der Jan findet es ganz toll, mit der Reinkarnation eines Glamour-Girls zusammenzuleben – als Satiriker muss er sich ohnehin ständig mit nackten Tatsachen konfrontieren. Und wenn ihre Hüllen fallen, quittiert er das stets mit einem erigierten Mittelfinger oder seiner berühmten hochgezogenen Augenbraue. Hui, Dita, das macht mich an! Mit ihrem Adelstitel passt sie auch wunderbar zu seiner vielfach mit dem Gump-Preis ausgezeichneten Sendung mit der Ziege, *Neo Hüper Luxus Magazin Royale*, eine delikate Mischung aus Dampfplaudereien, überflüssigem Schwachsinn und gebührenfinanzierter Selbstüberschätzung. Zwei wie die haben uns gerade noch gefehlt!

# Berühmt-berüchtigte Waagen

| | |
|---|---|
| 24.9.1946 | Uschi Obermaier (Kommunardin und Model) |
| 25.9.1944 | Michael Douglas |
| 25.9.1955 | Karl-Heinz Rummenigge |
| 25.9.1968 | Will Smith |
| 26.9.1898 | George Gershwin (Komponist) |
| 26.9.1945 | Bryan Ferry (Roxy Music) |
| 26.9.1976 | Michael Ballack (Fußballer) |
| 26.9.1981 | Serena Williams (Tennis) |
| 26.9.1985 | Talulah Riley (Schauspielerin, *Westworld*) |
| 27.9.1947 | Meat Loaf (Rockschnitzel) |
| 27.9.1952 | Katie Fforde (Schriftstellerin) |
| 27.9.1965 | Atze Schröder (Kunstfigur) |
| 28.9.1905 | Max Schmeling (Boxlegende) |
| 28.9.1934 | Brigitte Bardot (Tierschützerin) |
| 28.9.1941 | Edmund Stoiber (CSU) |
| 28.9.1960 | Jennifer Rush (Sängerin) |
| 28.9.1968 | Naomi Watts (Schauspielerin) |
| 29.9.1935 | Jerry Lee Lewis (Sänger) |
| 29.9.1943 | Lech Walesa (Ex-Arbeiterführer) |
| 29.9.1951 | Jutta Ditfurth (Großmutter der Grünen) |
| 30.9.1934 | Udo Jürgens |

| | |
|---|---|
| 1.10.1942 | Günter Wallraff (Enthüllungsjournalist) |
| 1.10.1953 | Klaus Wowereit (Ex-Bürgermeister von Berlin) |
| 1.10.1956 | Theresa May (Premierministerin von Großbritannien) |
| 1.10.1972 | Aleksandra Bechtel (Moderatorin) |
| 1.10.1987 | LeFloid (YouTube-Blogger) |
| 2.10.1947 | Dieter Pfaff (schauspielerisches Schwergewicht) |
| 2.10.1951 | Sting |
| 2.10.1971 | Xavier Naidoo (Sänger) |
| 3.10.1969 | Gwen Stefani (Sängerin) |
| 4.10.1935 | Horst Janson (Schauspieler) |
| 4.10.1956 | Christoph Waltz (Schauspieler) |
| 4.10.1976 | Alicia Silverstone (Schauspielerin) |
| 5.10.1975 | Kate Winslet (Schauspielerin) |
| 7.10.1952 | Wladimir Putin |
| 7.10.1967 | Toni Braxton (Sängerin) |
| 8.10.1958 | Ursula von der Leyen |
| 8.10.1970 | Matt Damon |
| 8.10.1985 | Bruno Mars (Musiker) |
| 9.10.1940 | John Lennon |
| 9.10.1966 | Tina Ruland (Schauspielerin) |
| 10.10.1968 | Andreas Türck (Moderator) |

| | |
|---|---|
| 11.10.1844 | Henry John Heinz (Erfinder des Ketchups) |
| 11.10.1954 | Sascha Hehn (Schauspieler) |
| 12.10.1968 | Hugh Jackman (Wolverine) |
| 12.10.1976 | Nils Bokelberg (Moderator) |
| 13.10.1934 | Nana (»Die Brille«) Mouskouri |
| 14.10.1894 | Heinrich Lübke |
| 14.10.1927 | Roger Moore (James Bond Nr. 3) |
| 15.10.1844 | Friedrich Nietzsche (Fachmann für Übermenschen) |
| 15.10.1948 | Chris de Burgh |
| 16.10.1854 | Oscar Wilde |
| 16.10.1954 | Corinna Harfouch (Schauspielerin) |
| 17.10.1972 | Eminem (Rapper) |
| 18.10.1777 | Heinrich von Kleist |
| 18.10.1960 | Jean-Claude Van Damme (Action) |
| 18.10.1968 | Michael Stich (Tennis) |
| 18.10.1987 | Zac Efron (Schauspieler) |
| 20.10.1966 | Stefan Raab |
| 20.10.1950 | Tom Petty (Musiker) |
| 22.10.1943 | Catherine Deneuve |
| 22.10.1969 | Helmut Lotti (Klassiker) |
| 23.10.1940 | Pelé (Fußballer) |
| 23.10.1986 | Emilia Clarke (Schausp elerin, *Game of Thrones*) |